Funny fish

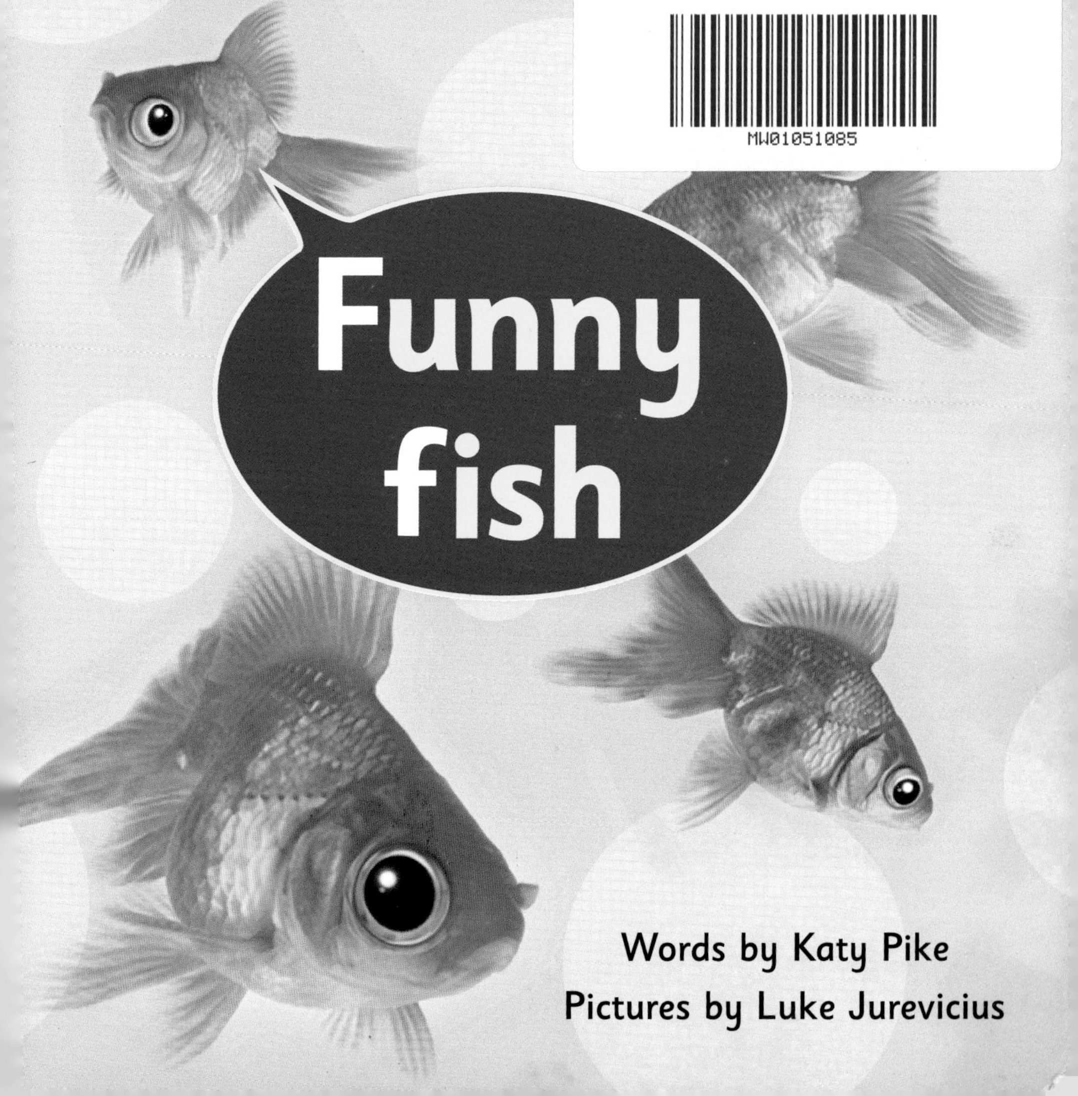

Words by Katy Pike
Pictures by Luke Jurevicius

Four fish

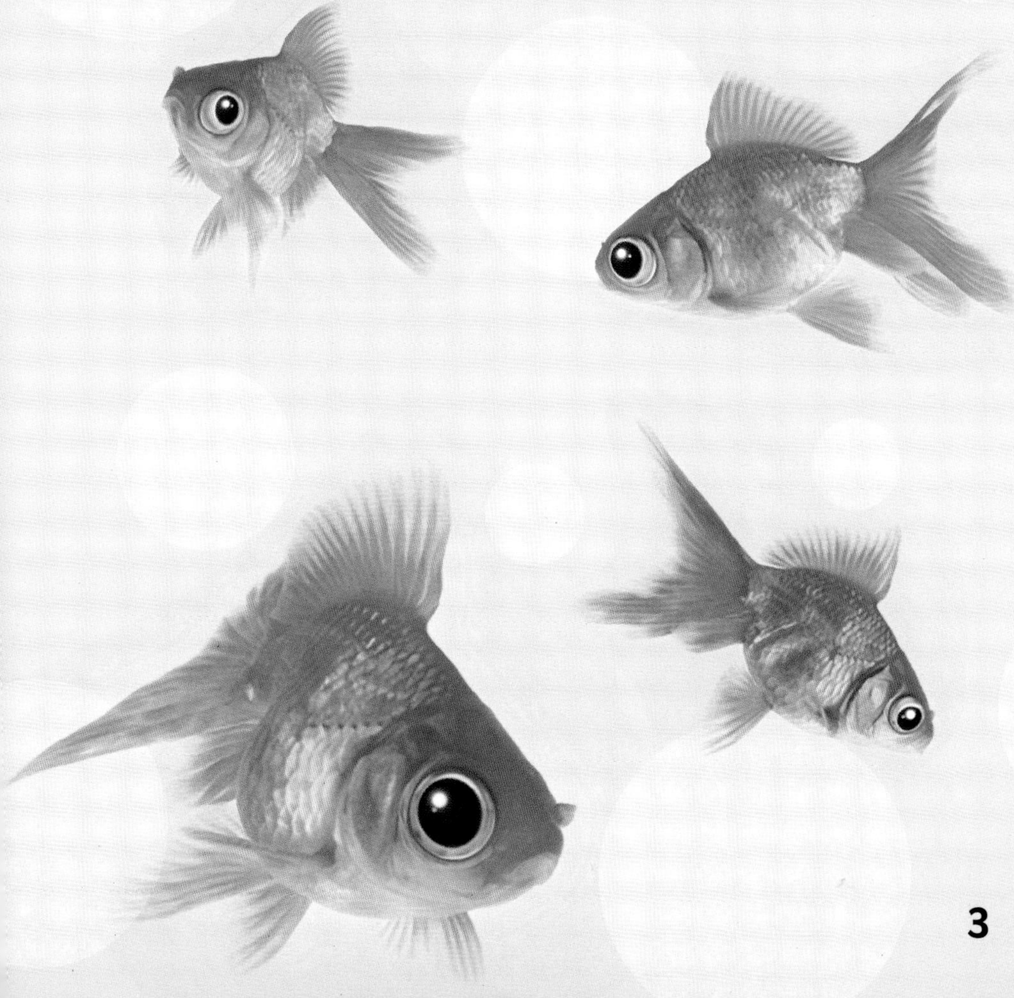

Five fish

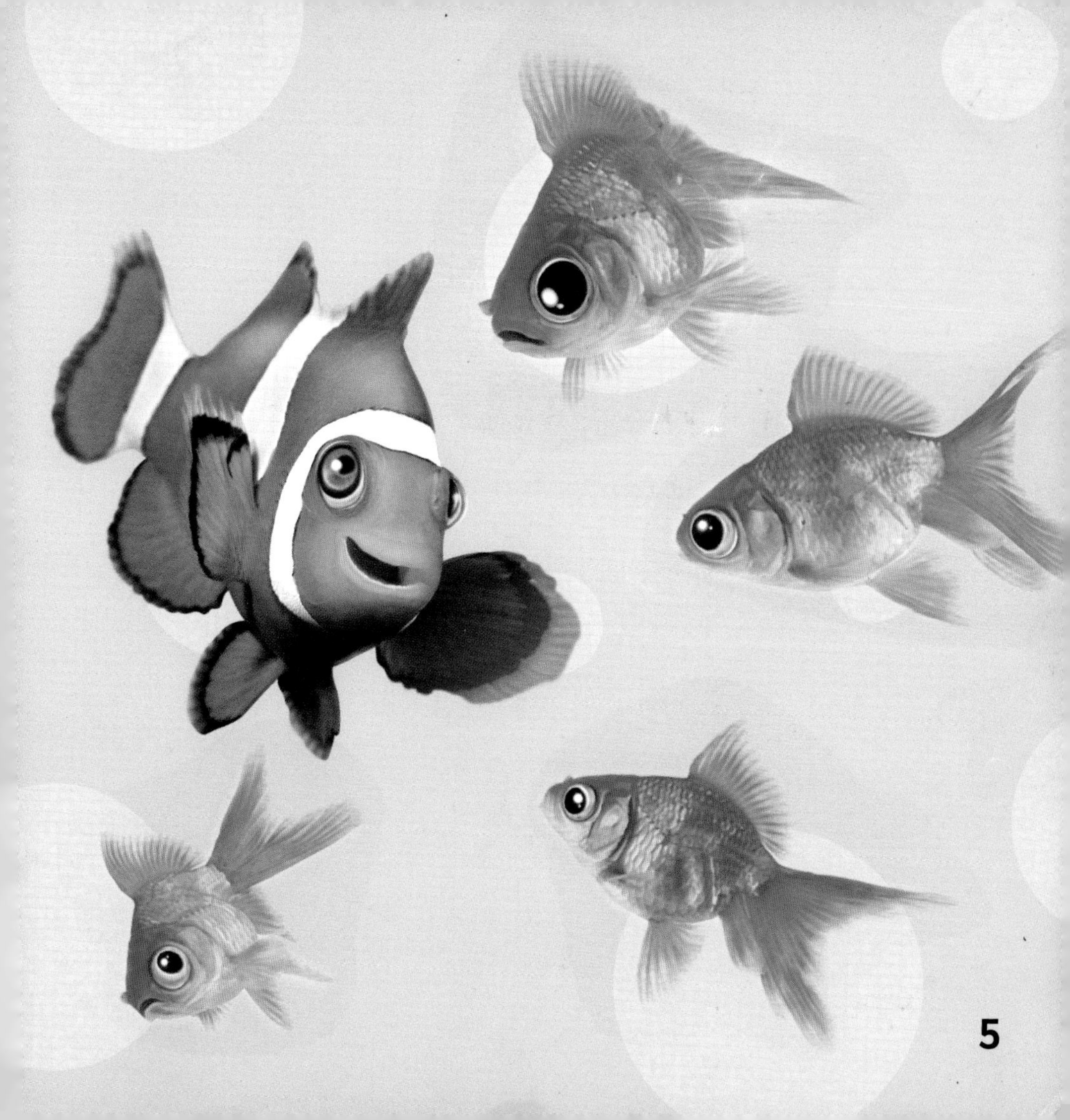

Four fish flap their fins.

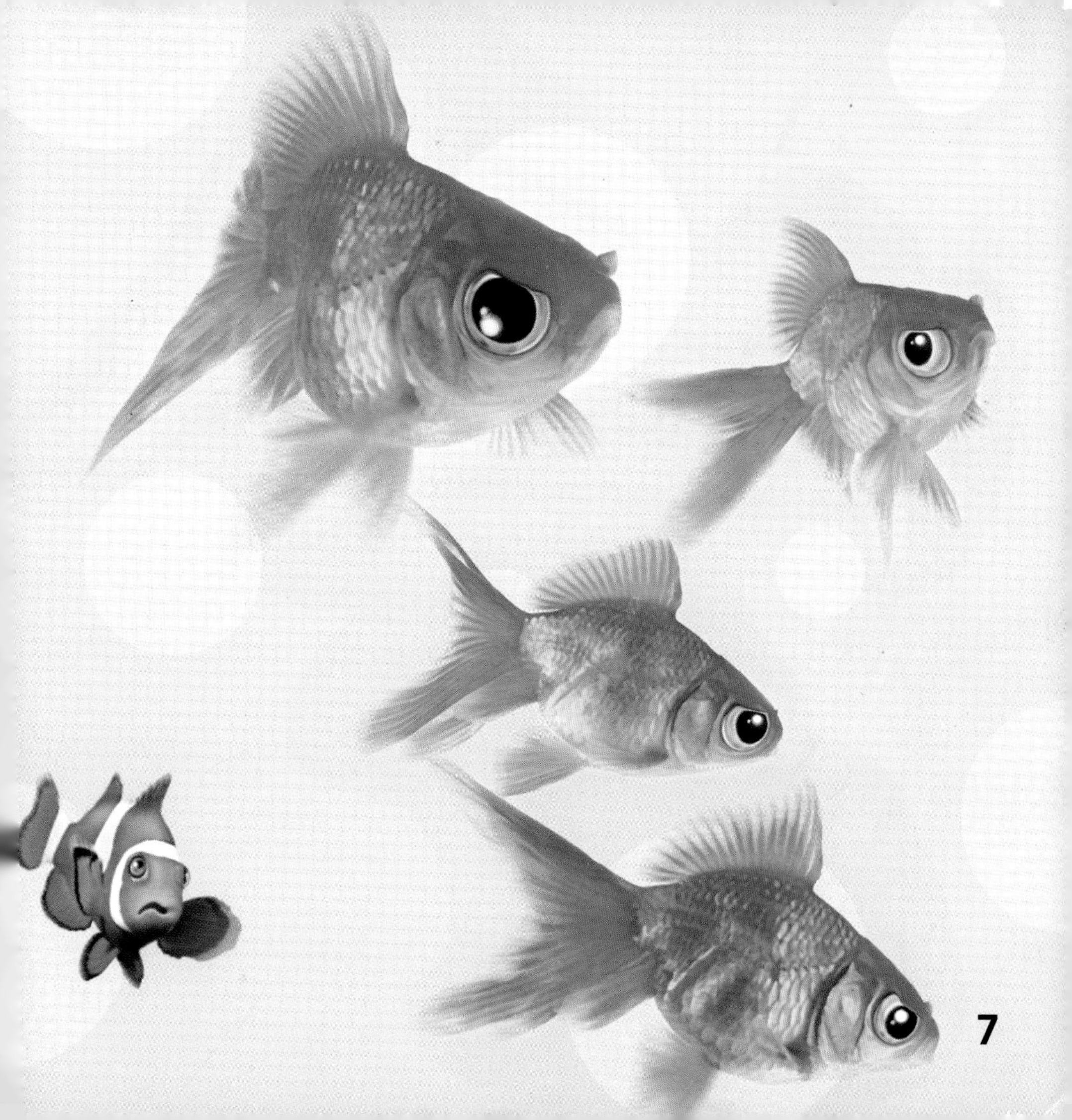

Funny faces

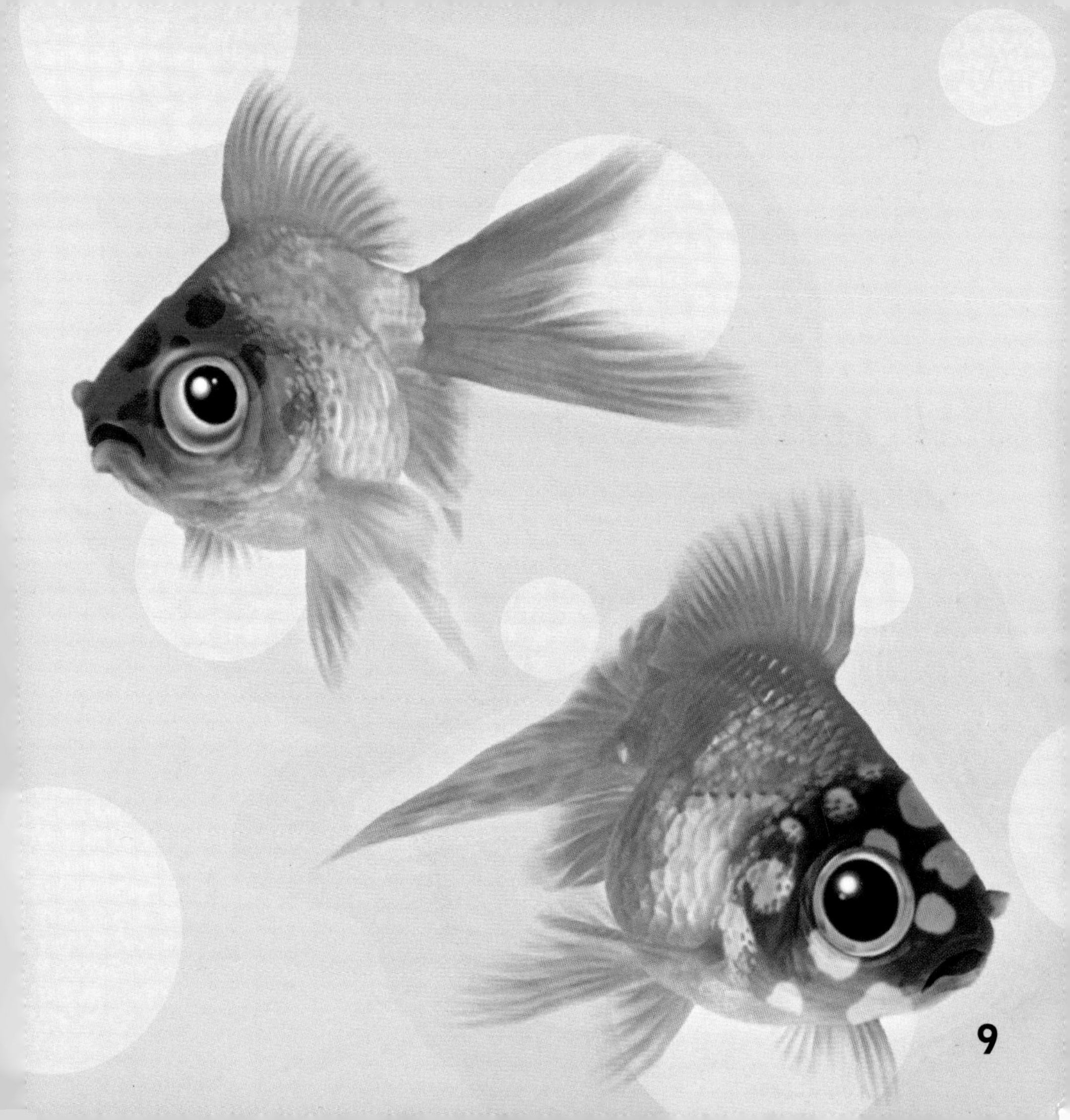

Funny fins

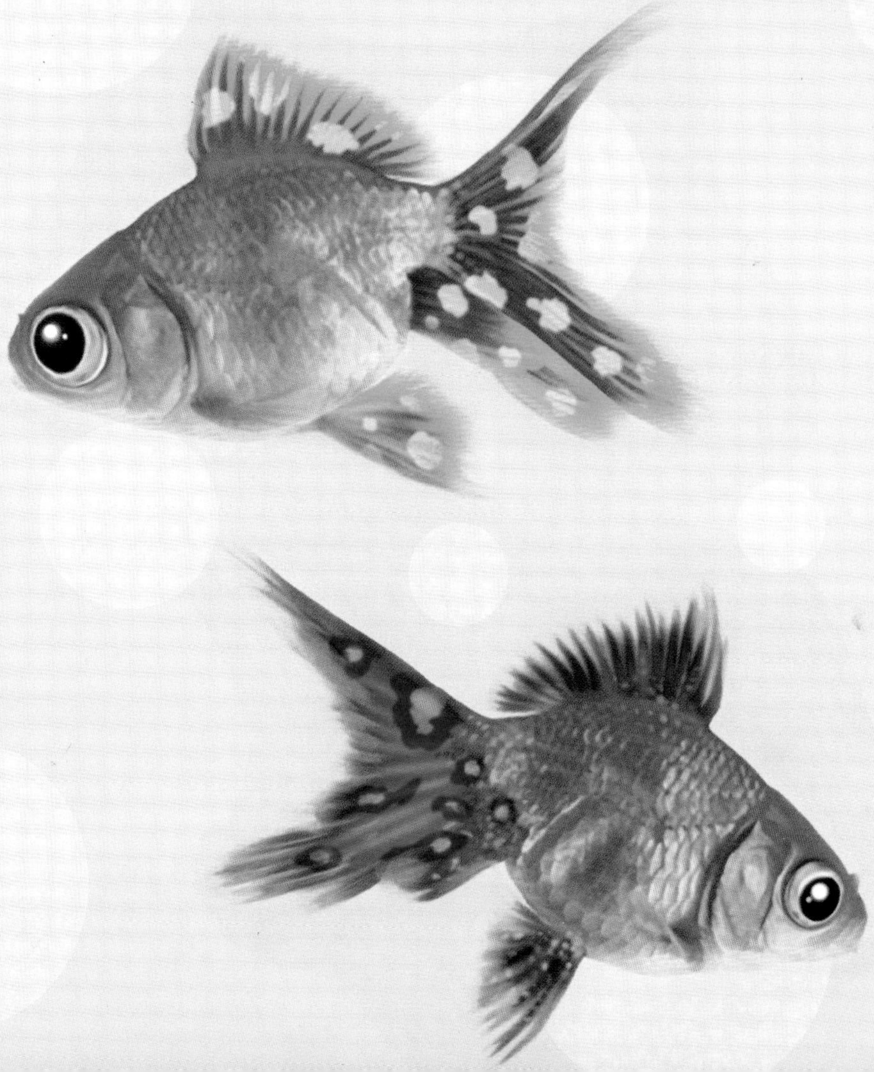

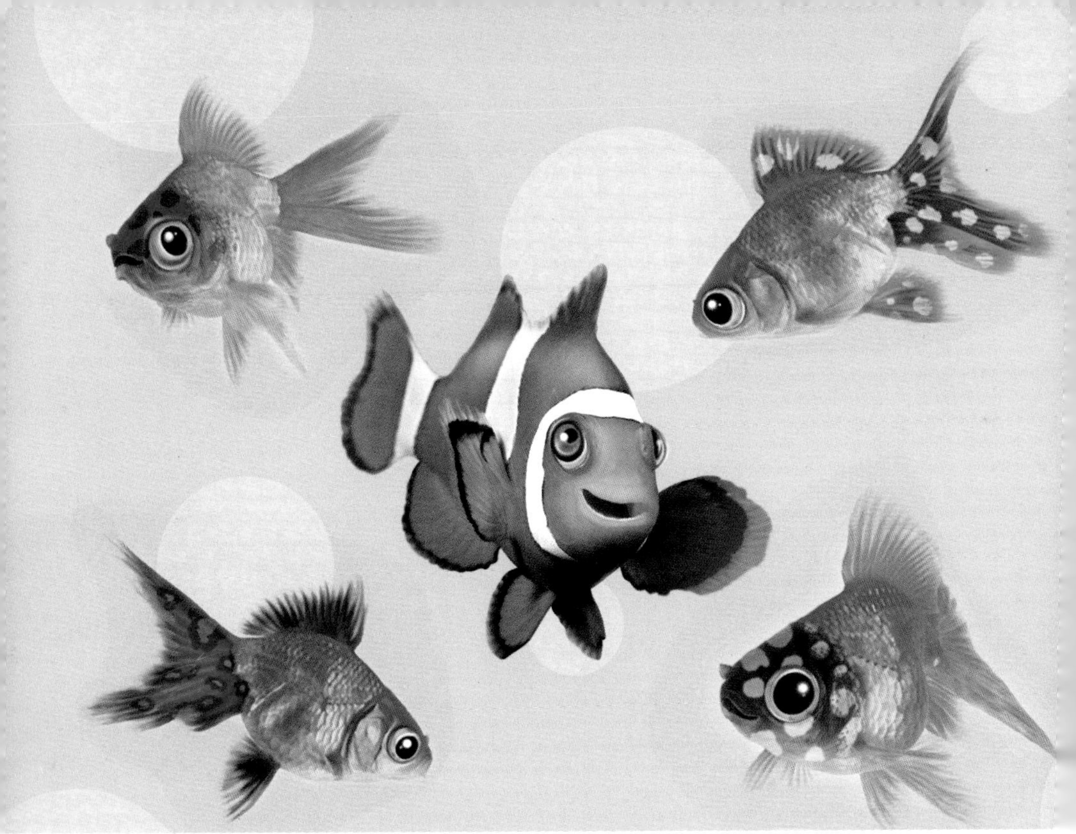

Five funny fish